Topflappen häkeln

Auch im Zeitalter modernster Küchentechnik ist ein Topflappen aus dickem Baumwollgarn durch nichts zu ersetzen. Es gibt eben Dinge, die behalten ihren praktischen Wert. Diese kleinen Küchenhelfer können Sie mit wenig Arbeitsaufwand nach Lust und Laune ganz individuell Ihrer Kücheneinrichtung und Ihrem persönlichen Geschmack entsprechend häkeln.

Was ich als Autorin mit Freude festgestellt habe: Gehäkelte Topflappen möchte jeder, ob Hausfrau, Hausmann oder Hobbykoch. Also ein wirklich begehrtes und persönliches Geschenk für liebe Freunde.

Sie finden auf den nächsten Seiten eine Auswahl von Farben, Formen und Mustern, die bestimmt auch zu Ihrer Kücheneinrichtung passen.

Beim Materialkauf sollten Sie keine Kompromisse eingehen, die speziellen Topflappengarne aus reiner Baumwolle sind einfach die beste Wahl für Ihre Handarbeit.

Ich wünsche Ihnen viel Spaß bei der Arbeit und gutes Gelingen

Bunt gestreift

→ mit frechen Fransen

GRÖSSE
22 cm x 22 cm

MATERIAL FÜR EIN PAAR

- Coats Lyric 8/8 in Schwarz (Fb 501), 70 g
- Coats Lyric 8/8 in Pink (Fb 587) und Orange (Fb 537), je 20 g
- Coats Lyric 8/8 in Hellblau (Fb 510) und Apfelgrün (Fb 590), je 15 g
- Häkelnadel Nr. 4-4,5

MASCHENPROBE
18 M und 19 R = 10 cm x 10 cm

Grundmuster

M-Zahl teilbar durch 3 + 2.
fM und Relief-Stäbchen in R häkeln, dabei jede R mit 1 Lm wenden.

1.R: fM in Schwarz.
2.+3.R: fM in Orange.
4.R: in Schwarz * 2 fM, 1 Relief-Stäbchen von vorne 3 R tiefer eingestochen um den M-Hals der schwarzen M, dafür das M-Glied der letzten Farb-R übergehen, ab * stets wdh, enden mit 2 fM.

Die 1.-4. R stets wdh, dabei die Musterfarben wechseln: * orange, pink, hellblau, apfelgrün, ab * stets wdh. Die Musterfäden nach 2 R mit einem etwas längeren Faden abschneiden und mit jedem neuen Farbstreifen neu anfangen. Sie werden zum Schluss mit den Fransen zusammengeknüpft.

Anleitung

39 M in Schwarz anschlagen und im Grundmuster nach der Streifenfolge arbeiten = 38 M. Der Topflappen endet nach 41 R mit 2 R schwarz, dabei für den Aufhänger in der Mitte der 1. R 10 Lm häkeln, diese in der folgenden R mit 12-14 fM umhäkeln. Zur Befestigung noch 1 R Km darüber häkeln.

In die Seitenkanten werden entsprechend farbige Fransen eingeknüpft. Als Fransen je 3 Fäden bündeln und an der glatten Kante einknüpfen. An der Kante mit den Häkelfäden je 2 Fäden bündeln und als Fransen mit den Häkelfäden zusammenknüpfen. Die Fransen gleichmäßig auf ca. 1,5 cm zurückschneiden.

Katze und Hase

→ tierisch gut

GRÖSSE
ø 22 cm

MATERIAL
- Häkelnadel Nr. 4-4,5
- Sticknadel ohne Spitze

KATZE
- Coats Lyric 8/8 in Weiß (Fb 500), 25 g
- Coats Lyric 8/8 in Beige (Fb 504), 30 g
- Coats Lyric 8/8, Reste in Braun (Fb 513) und Pink (Fb 587)

HASE
- Coats Lyric 8/8 in Beige (Fb 504), 60 g
- Coats Lyric 8/8 in Braun (Fb 513), 10 g
- Coats Lyric 8/8, Reste in Weiß (Fb 500) und Pink (Fb 587)

MASCHENPROBE
18 M und 20 R = 10 cm x 10 cm

ZEICHNUNG SEITE 32

Katze

Grundmuster

fM in Rd häkeln, dabei die Rd spiralförmig arbeiten. Ein farbiger Faden zwischen den M am Rd-Übergang erleichert das Zählen. Für die Zunahmen die M nach Anleitung verdoppeln, d. h., in eine Einstichstelle 2 fM häkeln.

Anleitung

1.Rd: In Weiß in einen Fadenring 2 Lm und 7 fM häkeln = 8 M
2.Rd: 4x jede 2. M verdoppeln = 12 M
3.Rd: 6x jede 2. M verdoppeln = 18 M
4.Rd: 6x jede 3. M verdoppeln = 24 M
5.Rd: 6x jede 4. M verdoppeln = 30 M
6.Rd: 1x die 2. M und noch 5x jede 5. M verdoppeln = 36 M
7.Rd: 6x jede 6. M verdoppeln = 42 M
8.Rd: 1x die 3. M und noch 5x jede 7. M verdoppeln = 48 M
9.Rd: 6x jede 8. M verdoppeln = 54 M
10.Rd: 1x die 4. M und noch 5x jede 9. M verdoppeln = 60 M
11.Rd: 6x jede 10. M verdoppeln = 66 M
12.Rd: 1x die 5. M und noch 5x jede 11. M verdoppeln = 72 M
In Beige weiterarbeiten.
13.Rd: 6x jede 12. M verdoppeln = 78 M
14.Rd: 1x die 6. M und noch 5x jede 13. M verdoppeln = 84 M
15.Rd: 6x jede 14. M verdoppeln = 90 M
16.Rd: 1x die 7. M und noch 5x jede 15. M verdoppeln = 96 M
17.Rd: 6x jede 16. M verdoppeln = 102 M
18.Rd: 1x die 8. M und noch 5x jede 17. M verdoppeln = 108 M
19.Rd: 6x jede 18. M verdoppeln = 114 M
20.Rd: 1x die 9. M und noch 5x jede 19. M verdoppeln = 120 M

Für die Ohren (= Aufhänger) beidseitig vom Rd-Übergang die 40. + 45. M kennzeichen. Der Rd-Übergang befindet sich somit unten in der Mitte und wird anschließend überstickt.

Für den Aufhänger in Beige in die 40. M 1 Km, 10 Lm und 1 Km in die 45. M. Um den Lm-Bogen ca. 15 fM (ungerade M-Zahl), in der folgenden R 6 fM, in die folgenden 3 M je 2 Stäbchen häkeln, dann noch 6 fM. Wenn beide Aufhänger gearbeitet sind, den Topflappen und die Aufhänger noch mit 1 Rd fM umhäkeln. Das Gesicht aufsticken. Augen in Braun und Näschen in Pink im Plattstich, die anderen Konturen in Braun im Stielstich sticken.

Hase

Grundmuster

fM in Rd häkeln, dabei die Rd spiralförmig arbeiten. Ein farbiger Faden zwischen den M am Rd-Übergang erleichert das Zählen. Für die Zunahmen nach der Anleitung die M verdoppeln, d. h., in eine Einstichstelle 2 fM häkeln.

WEITERFÜHRUNG

Hase

Anleitung

1.Rd: In Beige in einen Fadenring 2 Lm und 7 fM häkeln = 8 M
2.Rd: 4x jede 2. M verdoppeln = 12 M
3.Rd: 6x jede 2. M verdoppeln = 18 M
4.Rd: 6x jede 3. M verdoppeln = 24 M
5.Rd: 6x jede 4. M verdoppeln = 30 M
6.Rd: 1x die 2. M und noch 5x jede 5. M verdoppeln = 36 M
7.Rd: 6x jede 6. M verdoppeln = 42 M
8.Rd: 1x die 3. M und noch 5x jede 7. M verdoppeln = 48 M
9.Rd: 6x jede 8. M verdoppeln = 54 M
10.Rd: 1x die 4. M und noch 5x jede 9. M verdoppeln = 60 M
11.Rd: 6x jede 10. M verdoppeln = 66 M
12.Rd: 1x die 5. M und noch 5x jede 11. M verdoppeln = 72 M
13.Rd: 6x jede 12. M verdoppeln = 78 M
14.Rd: 1x die 6. M und noch 5x jede 13. M verdoppeln = 84 M
15.Rd: 6x jede 14. M verdoppeln = 90 M
16.Rd: 1x die 7. M und noch 5x jede 15. M verdoppeln = 96 M
17.Rd: 6x jede 16. M verdoppeln = 102 M
18.Rd: 1x die 8. M und noch 5x jede 17. M verdoppeln = 108 M
19.Rd: 6x jede 18. M verdoppeln = 114 M
20.Rd: 1x die 9. M und noch 5x jede 19. M verdoppeln = 120 M

Für die Ohren 20 M in Weiß anschlagen und die Lm-Kette von beiden Seiten behäkeln = 1. Seite 18 M, für die Rundung in die End-M 6 fM häkeln und die 2. Seite mit 18 fM behäkeln.
2.Rd: 19 fM, 4x jede M verdoppeln, 19 fM = 46 M
In Beige weiterarbeiten.
3.Rd: 21 fM, 4x jede M verdoppeln, 21 fM = 50 M
4.Rd: 23 fM, 4x jede M verdoppeln, 23 fM = 54 M
5.Rd: 54 M häkeln
6.Rd: 25 fM, 4x jede M verdoppeln, 25 fM = 58 M

Das 2. Ohr genauso arbeiten. Beide Ohren in der Mitte über ca. 18-20 M zusammenhäkeln und gleichzeitig für den Aufhänger 12 Lm häkeln, mit 1 Km zum Ring schließen und mit ca. 15 fM umhäkeln. Die Ohrenkonturen in Braun im Stielstich sticken, dann die Ohren unten falten und an den Kopf nähen. Noch 1 Rd fM in Braun um Topflappen, Ohren und Aufhänger arbeiten. Das Hasengesicht aufsticken. Augen in Weiß und Braun im Plattstich, Augenkonturen in Weiß im Stielstich, Nase und Mäulchen in Pink im Plattstich, die restlichen Konturen in Braun im Stielstich arbeiten.

Streifen sind in

→ bunt gemixt

GRÖSSE
ca. 22 cm x 22 cm

MATERIAL
- Coats Lyric 8/8 in Schwarz (Fb 501), Pink (Fb 587), Orange (Fb 537), Mittelblau (Fb 555) und Apfelgrün (Fb 590), je 50 g
- Häkelnadel Nr. 4-4,5

MASCHENPROBE
18 M und 18 R = 10 cm x 10 cm

Grundmuster

fM in R häkeln, dabei jede R mit 1 Lm wenden. Das Rippenmuster entsteht, indem die fM nur in die hinteren (oder vorderen) M-Glieder der Vor-R gehäkelt werden. Die Zunahmen in der Mitte nach der Häkelschrift arbeiten. Es sind nur 8 R gezeichnet. In den folgenden R die Zunahmen in der Mitte nach dem gleichen Prinzip arbeiten.

Umrandung

Den Topflappen an zwei Kanten mit 4 R fM in Orange bzw. Apfelgrün behäkeln, dabei für den Aufhänger in der 1. R 5 Lm häkeln, diese in der 2. R mit 6 fM umhäkeln, in der 3. R 10 Lm häkeln, diese in der 4. R mit 12-13 fM umhäkeln. Ab Abschluss noch 1 R Km darüber häkeln.

Anleitung

8 Lm in Schwarz bzw. Pink anschlagen, in die 2. M von der Nadel aus die 1. fM häkeln. Nach der Häkelschrift arbeiten.

Streifenfolge 1: 12 R schwarz, je 4 R mittelblau, schwarz, apfelgrün, schwarz und noch 8 R mittelblau. Über die letzte R noch 1 R Km häkeln. Die Umrandung in Apfelgrün arbeiten.

Streifenfolge 2: 12 R pink, je 4 R schwarz, orange, schwarz, pink und noch 8 R schwarz. Über die letzte R noch 1 R Km häkeln. Die Umrandung in Orange arbeiten.

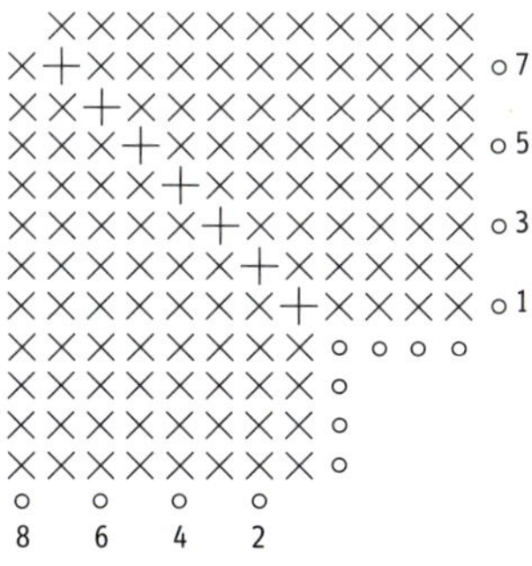

× = feste Masche (fM)
○ = Luftmasche (Lm)

Die Milch hält fit

→ die Kuh macht Muh!

GRÖSSE
20 cm x 26 cm

MATERIAL
- Coats Lyric 8/8, in Braun (Fb 513), 20 g
- Coats Lyric 8/8 in Weiß (Fb 500), 15 g
- Coats Lyric 8/8 in Pink (Fb 587), 30 g
- Häkelnadel Nr. 4-4,5
- Sticknadel ohne Spitze

MASCHEN-PROBE
18 M und 20 R = 10 cm x 10 cm

Grundmuster

fM in R häkeln, dabei jede R mit 1 Lm wenden. Die farbigen Flächen einhäkeln. Bei kleinen Farbflächen den Musterfaden beim Häkeln auf die M-Glieder der Vor-R legen und einhäkeln. Die größeren Flächen im Farbwechsel mit mehreren Knäuel arbeiten. Beim Farbwechsel die letzte M einer Farbe mit der folgenden Farbe abmaschen.

Anleitung

17 M in Pink anschlagen und in die 2. Lm von der Nadel aus die 1. fM häkeln. 1. R = 16 fM. Nach dem Zählmuster arbeiten. Für die Ab- und Zunahmen die allgemeinen Erklärungen beachten.

Den Topflappen mit 1 R fM farblich passend umhäkeln, dabei für die 2 Hörner (= Aufhänger) 14 Lm häkeln, mit 1 Km zum Ring schließen und mit 8-9 fM, 1 Picot (3 Lm und 1 Km in die 1. Lm) und 8-9 fM umhäkeln.

Das Gesicht im Stielstich in Braun aufsticken, die Augen im Plattstich sticken und im Stielstich umranden.

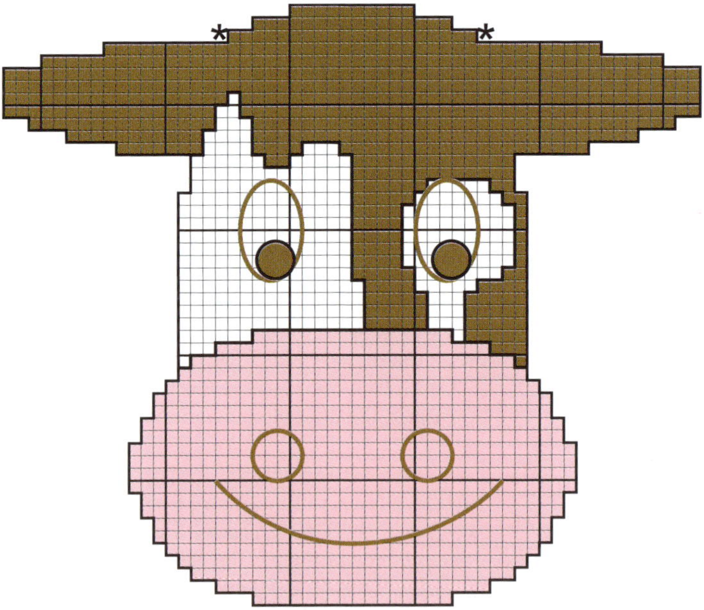

Der Handschuh

→ ziemlich praktisch

GRÖSSE
17 cm x 28 cm

MATERIAL
- Coats Lyric 8/8 in Hellblau (Fb 509), 45 g
- Coats Lyric 8/8 in Grün (Fb 589), 25 g
- Coats Lyric 8/8 in Weiß (Fb 500), 15 g
- Coats Lyric 8/8 in Royalblau (Fb 511), 20 g
- Häkelnadel Nr. 4-4,5
- Sticknadel mit Spitze

MASCHEN-PROBE
18 M und 20 R = 10 cm x 10 cm

Grundmuster

fM in R häkeln. Jede R mit 1 Lm wenden. Zunahmen = 2 fM in eine Einstichstelle, Abnahmen = 2 M zusammen abmaschen. Beim Farbwechsel den Musterfaden beim Häkeln auf die M-Glieder der Vor-R legen, einhäkeln und die letzte M einer Farbe mit der folgenden Farbe abmaschen.

Anleitung

13 Lm in Hellblau anschlagen und im Grundmuster häkeln = 12 M. Für die Rundung beidseitig in jeder R 4x 1 M zunehmen, dann in jeder 2. R noch 3x 1 M zunehmen = 26 M. 14 cm (= 28 R) gerade hoch häkeln. Dann beidseitig in jeder 2. R 3x 1 M, in jeder R 4x 1 M abnehmen = 12 M.

Für das Oberteil 27 M anschlagen und nach dem Zählmuster häkeln = 26 M. Für die Rundung nach 11 cm (= 22 R) die M abnehmen, wie zuvor beschrieben bzw. wie im Zählmuster eingezeichnet. Beide Topflappenteile in Grün mit fM zusammenhäkeln, dabei für den Aufhänger in der oberen Mitte 10 Lm häkeln. Noch 1 Rd fM häkeln, dabei den Aufhänger mit ca. 14-16 fM umhäkeln und noch 1 Rd Krebsmaschen häkeln. Krebsmaschen sind fM, sie werden jedoch von links nach rechts gehäkelt.

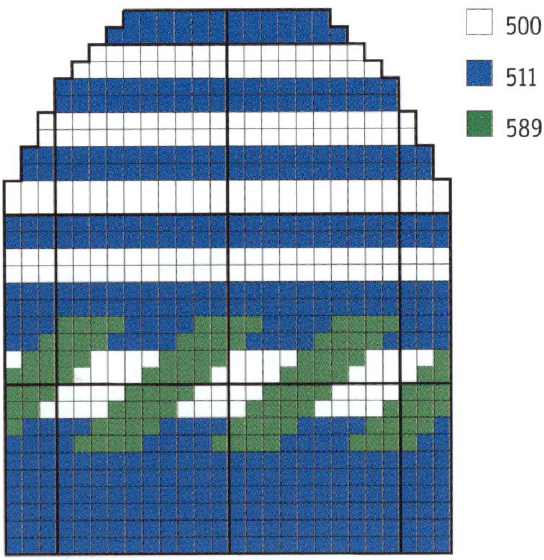

Doppeltopflappen

→ nie mehr verbrannte Finger

GRÖSSE
15 cm x 48 cm

MATERIAL
- Coats Lyric 8/8 in Hellgrün (Fb 588), 25 g
- Coats Lyric 8/8 in Royalblau (Fb 511), 10 g
- Coats Lyric 8/8 in Mittelblau (Fb 555), 25 g
- Coats Lyric 8/8 in Hellblau (Fb 509), 10 g
- Coats Lyric 8/8 in Grün (Fb 589), 10 g
- Coats Lyric 8/8 in Weiß (Fb 500), 25 g
- Häkelnadel Nr. 4-4,5

MASCHEN-PROBE
18 M und 20 R = 10 cm x 10 cm

Grundmuster

fM in R häkeln. Jede R mit 1 Lm wenden. Beim Farbwechsel den Musterfaden beim Häkeln auf die M-Glieder der Vor-R legen und einhäkeln und die letzte M einer Farbe mit der folgenden Farbe abmaschen.

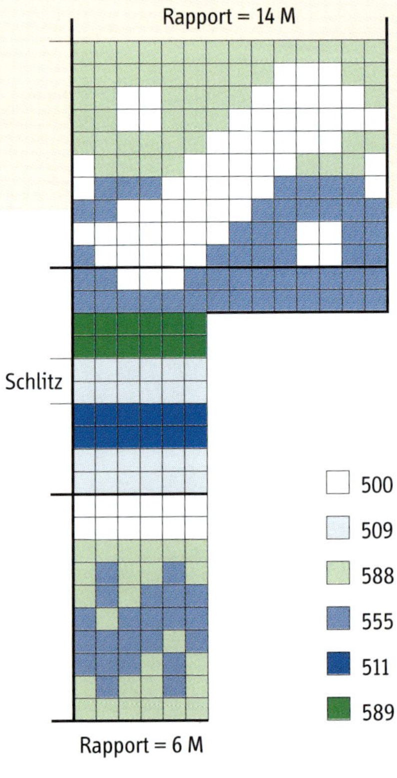

Anleitung

71 M in Hellgrün anschlagen und nach dem Zählmuster arbeiten = 70 M. Nach 14 R für den Deckelschlitz die mittleren 12 M unbehäkelt lassen und beide Seiten über je 29 M 2 R getrennt arbeiten. In der 17. R beide Seiten mit 12 M verbinden (siehe mehrere M zunehmen in den allgemeinen Erklärungen). Nach 30 R ist das Teil fertig.

An den Schmalseiten je 28 M in Royalblau bzw. Grün anhäkeln und nach 3 cm (6 R) in der letzten R in der Mitte für den Aufhänger 10 Lm häkeln und diese mit 14-16 fM umhäkeln. Noch 1 R Km häkeln.

Erdbeere

→ süßes Früchtchen

GRÖSSE
22 cm x 24 cm

MATERIAL
- Coats Lyric 8/8 in Rot (Fb 508), 60 g
- Coats Lyric 8/8, Reste in Gelb (Fb 524) und Grün (Fb 589)
- Häkelnadel Nr. 4-4,5
- Sticknadel ohne Spitze

MASCHEN-PROBE
18 M und 20 R = 10 cm x 10 cm

Grundmuster

fM in R häkeln. Jede R mit 1 Lm wenden.

Anleitung

13 M in Rot anschlagen und in die 2. Lm von der Nadel aus die 1. fM häkeln. 1. R = 12 fM. Nach dem Zählmuster arbeiten. Wie die Ab- und Zunahmen gearbeitet werden, steht in den allgemeinen Erklärungen. Nach 44 R die Erdbeere mit 1 Rd fM und 1 Rd Km umhäkeln.

Die drei Blätter mit dem Aufhänger in Grün wie folgt aneinander häkeln: Für das 1. Blatt 12 Lm anschlagen, in die 2. Lm von der Nadel aus die 1. fM häkeln, noch 2 fM, 4 Stäbchen, 4 Doppelstäbchen (Faden dafür 2x um die Häkelnadel legen) häkeln = 11 M. Das 2. Blatt genauso arbeiten. Für den Aufhänger 21 Lm anschlagen, in die 16. Lm von der Nadel aus 1 fM, in jede folgende Lm noch 1 fM häkeln. In der Rück-R die fM mit fM behäkeln, den Lm-Ring mit ca. 20-24 fM umhäkeln und über alle M noch 1 R Km arbeiten.

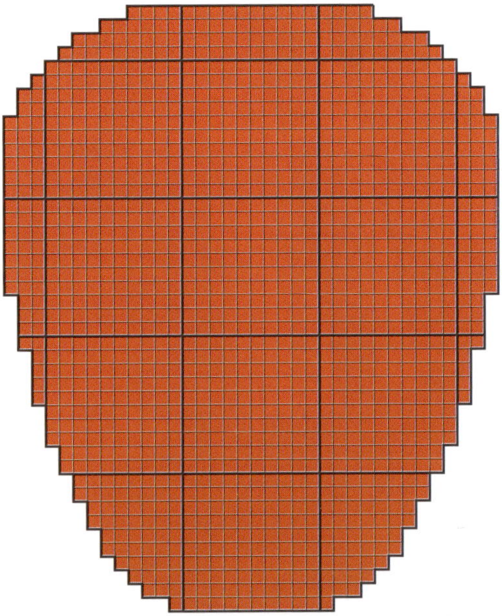

Ein 3. Blatt wie zuvor beschrieben häkeln.

Blätter und Aufhänger an der unteren Kante etwas zusammenfalten und auf den Topflappen nähen.

Die gelben Pünktchen unregelmäßig verteilt aufsticken. Für jeden Punkt eine Häkel-M mit 3 Plattstichen übersticken. Den Stickfaden auf der Rückseite flach durch die Häkelarbeit bis zum nächsten Plattstich ziehen.

Cheeseburger

→ echt cool!

GRÖSSE
22 cm x 24 cm

MATERIAL
- Coats Lyric 8/8 in Beige (Fb 503), 35 g
- Coats Lyric 8/8 in Braun (Fb 513), 10 g
- Coats Lyric 8/8 in Gelb (Fb 524), 10 g
- Coats Lyric 8/8 in Grün (Fb 512), 10 g
- Coats Lyric 8/8, Reste in Apfelgrün (Fb 590) und Rot (Fb 508)
- Häkelnadel Nr. 4-4,5
- Sticknadel ohne Spitze

MASCHENPROBE
18 M und 20 R = 10 cm x 10 cm

Grundmuster

fM in R häkeln, dabei jede R mit 1 Lm wenden. Die farbigen Flächen einhäkeln. Bei kleinen Farbflächen den Musterfaden beim Häkeln auf die M-Glieder der Vor-R legen und einhäkeln. Die größeren Flächen im Farbwechsel mit mehreren Knäuel arbeiten. Beim Farbwechsel die letzte M einer Farbe mit der folgenden Farbe abmaschen.

Anleitung

21 M in Beige anschlagen und in die 2. Lm von der Nadel aus die 1. fM häkeln. 1. R = 20 fM. Nach dem Zählmuster arbeiten. Wie die Ab- und Zunahmen gearbeitet werden, steht bei den allgemeinen Erklärungen.

Für den Aufhänger in der 43. R in der Mitte 12 Lm häkeln, mit 1 Km zum Ring schließen und mit ca. 15 fM umhäkeln, dann die 43. R beenden. Den Cheeseburger noch mit 1 Rd fM und 1 Rd Km in Beige umhäkeln.

Den Topflappen mit kleinen Plattstichen besticken (über 1 M 3 Plattstiche sticken). „Ketchup" über der gelben „Käsescheibe" im Kettenstich aufsticken, die obere „Brötchenkontur" in Braun aufsticken. Das „Salatblatt" in Apfelgrün ringsherum im Kettenstich umsticken.

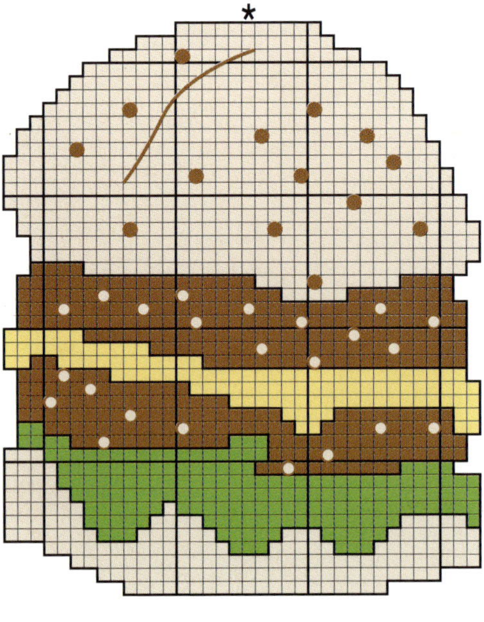

- 503
- 513
- 524
- 512

Welle und Sonne

→ mit frischen Farben

GRÖSSE
20 cm x 20 cm

MATERIAL
- Coats Lyric 8/8 in Mittelblau (Fb 555) und Apfelgrün (Fb 590), je 25 g
- Coats Lyric 8/8 in Sonnengelb (Fb 524), Orange (Fb 537), Türkis (Fb 557) und Mittelblau (Fb 555), je 15 g
- Häkelnadel Nr. 4-4,5

MASCHENPROBE
18 M und 20 R = 10 cm x 10 cm

Grundmuster

fM in R häkeln, dabei jede R mit 1 Lm wenden. Die farbigen Flächen einhäkeln. Bei kleinen Farbflächen den Musterfaden beim Häkeln auf die M-Glieder der Vor-R legen und einhäkeln. Die größeren Flächen im Farbwechsel mit mehreren Knäuel arbeiten. Beim Farbwechsel die letzte M einer Farbe mit der folgenden Farbe abmaschen.

Anleitung

36 M anschlagen und nach dem entsprechenden Zählmuster arbeiten = 35 M.

Nach 40 R den Topflappen noch mit 1 Rd fM in den entsprechenden Farben umhäkeln und für den Aufhänger an einer Ecke 10 Lm häkeln, mit 1 Km zum Ring schließen und mit 12-14 fM umhäkeln.

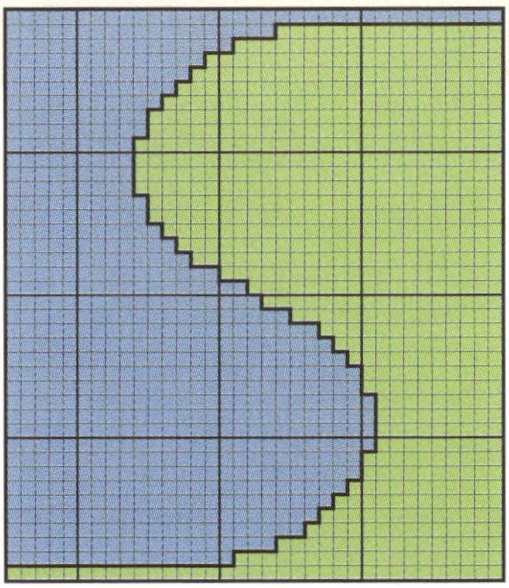

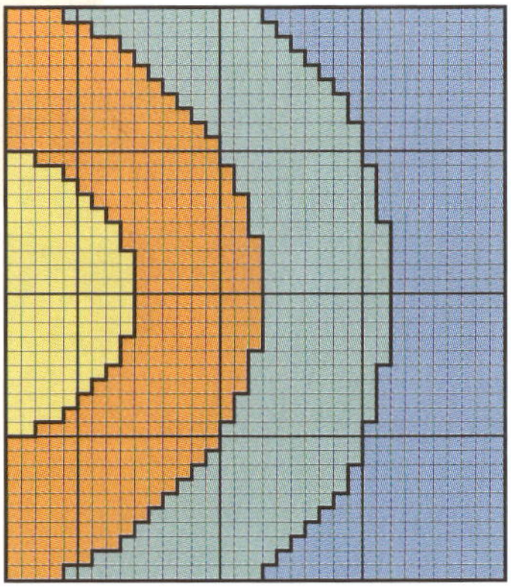

Quadrat und Bogen

→ in warmen Tönen

Grundmuster und Anleitung

siehe Beschreibung S. 18

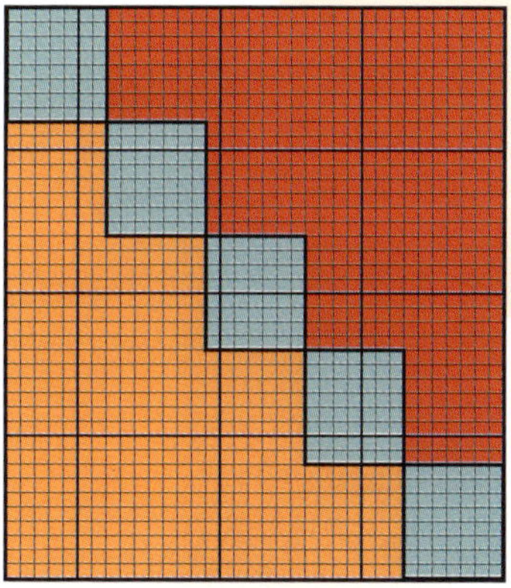

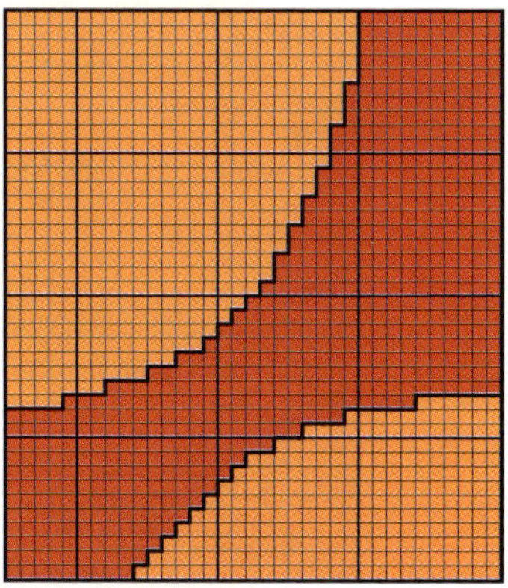

GRÖSSE
20 cm x 20 cm

MATERIAL

- Coats Lyric 8/8 in Orange (Fb 537), Türkis (Fb 557) und Rot (Fb 508), je 25 g
- Coats Lyric 8/8 in Rot (Fb 508) und Orange (Fb 537), je 30 g
- Häkelnadel Nr. 4-4,5

MASCHEN-PROBE
18 M und 20 R
= 10 cm x 10 cm

Gestuft und gezackt

→ in Pastelltönen

GRÖSSE
20 cm x 20 cm

MATERIAL
- Coats Lyric 8/8 in Pink (Fb 587) und Orange (Fb 537), je 25 g
- Coats Lyric 8/8 in Apfelgrün (Fb 590) und Sonnengelb (Fb 524), je 25 g
- Häkelnadel Nr. 4-4,5

MASCHEN-PROBE
18 M und 20 R = 10 cm x 10 cm

Grundmuster und Anleitung

siehe Beschreibung S. 18

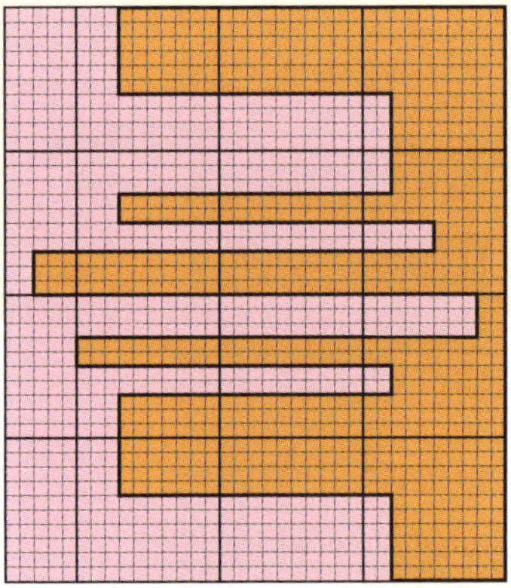

Cappuccino

→ Zeit für eine Pause

GRÖSSE
17 cm x 25 cm

MATERIAL

- Coats Lyric 8/8 in Türkis (Fb 557), 50 g
- Coats Lyric 8/8 in Braun (Fb 513), 10 g
- Coats Lyric 8/8, Rest in Weiß (Fb 500)
- Häkelnadel Nr. 4-4,5
- Sticknadel ohne Spitze

MASCHEN-PROBE
18 M und 20 R = 10 cm x 10 cm

Grundmuster

fM in R und Rd häkeln. Jede R mit 1 Lm wenden. Wie die Ab- und Zunahmen gearbeitet werden, steht bei den allgemeinen Erklärungen.

Anleitung

Für den Kaffee 14 M in Braun anschlagen und in R fM häkeln, 1. R = 13 M. Für die Rundung in jeder R beidseitig 1x 3, 1x 2 und 1x 1 M zunehmen = 25 M, dann diese M gegengleich wieder abnehmen. Das ovale Teil mit 1 Rd fM in Braun (ca. 64 M) und 1 Rd fM in Türkis umhäkeln, dabei an den Rundungen je 4 M zunehmen = 72 M.

Für die Tasse in Türkis über 32 M in R häkeln, dabei die leichte Rundung wie folgt arbeiten.
1.R: 2 M zusammen abmaschen, 6 fM, 2 M in eine Einstichstelle, 14 fM, 2 M in eine Einstichstelle, 6 fM, 2 M zusammen abmaschen.
2.R: ohne Ab- und Zunahmen.
3.R: 2 M zusammen abmaschen, 10 fM, 2 M in eine Einstichstelle, 6 fM, 2 M in eine Einstichstelle, 10 fM, 2 M zusammen abmaschen.
4.R: ohne Ab- und Zunahmen.

Die 1.-4. R 7x häkeln, dann für den Tassenboden 2x in jeder 2. R beidseitig 2 M zusammen abmaschen = 28 M. Die Tasse ringsherum mit 1 Rd fM behäkeln.

Für den Henkel an der rechten Längskante ab Tassenboden 13 fM häkeln, dann mit 24 Lm 18 M der Umrandung übergehen und die Lm-Kette anketten. In einer Rück-R die Lm-Kette mit ca. 24 fM umhäkeln und noch 4 fM und 2 zusammen abgemaschte M auf die M der Vor-R häkeln. In der folgenden Hin-R die ersten 2 M zusammen abmaschen, dann über alle M der Vor-R fM häkeln. Den Häkelfaden an den Topflappen anketten und noch 1 Rd Km auf die fM der Umrandung häkeln.

Die Konturen in Weiß im Stielstich bzw. im Plattstich aufsticken.

eet up your

Bunte Blume

→ frühlingsfrisch

GRÖSSE
20 cm x 22 cm

MATERIAL
- Coats Lyric 8/8 in Orange (Fb 537), 30 g
- Coats Lyric 8/8 in Rot (Fb 508), 20 g
- Coats Lyric 8/8 in Pink (Fb 587), 20 g
- Coats Lyric 8/8, Rest in Gelb (Fb 524)
- Häkelnadel Nr. 4-4,5
- Sticknadel ohne Spitze

MASCHEN-PROBE
18 M und 20 R = 10 cm x 10 cm

Grundmuster

fM in R häkeln, dabei jede R mit 1 Lm wenden. Die farbigen Flächen einhäkeln.
Bei kleinen Farbflächen den Musterfaden beim Häkeln auf die M-Glieder der Vor-R legen und einhäkeln. Die größeren Flächen im Farbwechsel mit mehreren Knäuel arbeiten. Beim Farbwechsel die letzte M einer Farbe mit der folgenden Farbe abmaschen.

Anleitung

7 Lm in Rot anschlagen und in die 2. Lm von der Nadel aus die 1. fM häkeln. 1. R = 6 fM. Wie die Ab- und Zunahmen gearbeitet werden, steht bei den allgemeinen Erklärungen.
Nach 4 R mit dem orangefarbenen Blütenblatt getrennt beginnen und in der 5. R beide Teile zusammenfügen. Weiter nach dem Zählmuster arbeiten. Nach 44 R ist das Teil beendet.

Die Kanten farblich passend mit 1 R fM und 1 R Km umhäkeln, dabei am pinkfarbenen Blütenblatt einen Aufhänger arbeiten: 12 Lm häkeln, mit 1 Km zum Ring schließen und mit ca. 15 fM umhäkeln.

Die Blütenmitte in Gelb im Plattstich sticken, 6 Linien im Kettenstich arbeiten, dazwischen kleine Punkte sticken. Für jeden Punkt 1 Häkel-M mit 3 Plattstichen übersticken. Den Stickfaden auf der Rückseite flach durch die Häkelarbeit bis zum nächsten Plattstich ziehen.

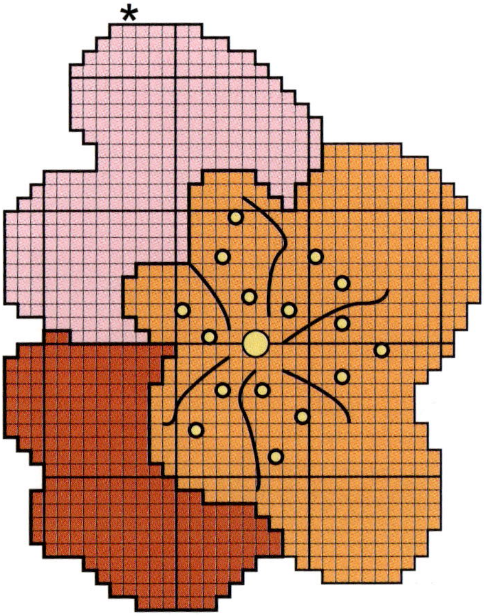

Blumen und Herzen

→ im 70er Jahre-Stil

GRÖSSE
20 cm x 20 cm

MATERIAL
- Häkelnadel Nr. 4-4,5
- Sticknadel ohne Spitze

HERZEN
- Coats Lyric 8/8 in Orange (Fb 537), 50 g
- Coats Lyric 8/8, Reste in Rot (Fb 508) und Gelb (Fb 524)

BLUMEN
- Anchor Magicline No. 2 in Apfelgrün/bunt (Fb 1452), 50 g
- Coats Lyric 8/8, Reste in Gelb, Flieder, Pink und Orange

MASCHENPROBE
18 M und 20 R = 10 cm x 10 cm

Herzen

Grundmuster

fM in R häkeln, dabei jede R mit 1 Lm wenden. Die Herzen einhäkeln. Im Farbwechsel mit mehreren Knäuel arbeiten. Beim Farbwechsel die letzte M einer Farbe mit der folgenden Farbe abmaschen.

Anleitung

37 M anschlagen und fM häkeln. 1. R = 36 M. Nach 4 R das gelbe Herz über der 27. M beginnend nach dem Zählmuster einhäkeln. Gerade hoch häkeln, bis der Topflappen quadratisch ist. Mit 1 Rd fM umhäkeln, dabei für den Aufhänger an einer Ecke 10 Lm häkeln, mit 1 Km zum Ring schließen und mit 14-16 fM umhäkeln.

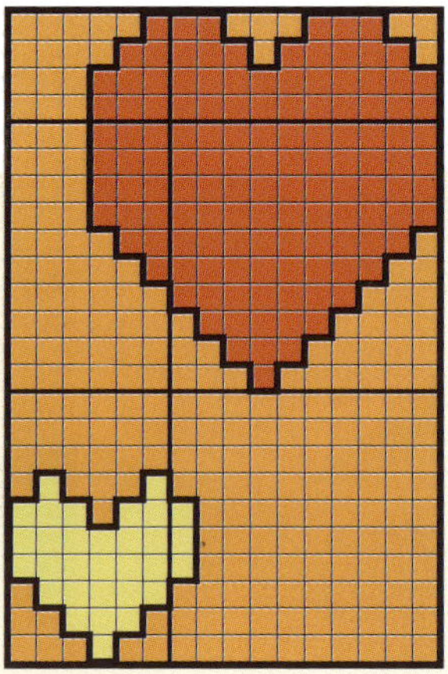

Blumen

Grundmuster

fM in R und Rd häkeln. Jede R mit 1 Lm wenden.

Anleitung

37 M anschlagen und fM häkeln. 1. R = 36 M. Gerade hoch häkeln, bis der Topflappen quadratisch ist. Mit 1 Rd fM umhäkeln, dabei für den Aufhänger an einer Ecke 10 Lm häkeln, mit 1 Km zum Ring schließen und mit 14-16 fM umhäkeln.

Aus „Lyric“ Häkelblumen arbeiten: In einen Fadenring pro Blütenblatt * 3 Lm, 2 zusammen abgemaschte Stäbchen, 3 Lm, 1 Km häkeln. Ab * 4x wdh = 5-blütig. Den Fadenring etwas zusammenziehen und die Blüten aufnähen.

Tipp: Anchor Magicline! Bei dem neuen Garn kommt der Farbwechsel-Effekt direkt aus dem Knäuel. Im Fachhandel finden Sie zwei unterschiedliche Effekte in verschiedenen Farben.

Limone und Orange

→ witzige Citrusfrüchte

GRÖSSE
ø 23 cm

MATERIAL
- Häkelnadel Nr. 4-4,5
- Sticknadel ohne Spitze

LIMONE
- Coats Lyric 8/8 in Apfelgrün (Fb 590), 40 g
- Coats Lyric 8/8 in Hellgelb (Fb 506), 10 g
- Coats Lyric 8/8 in Gelb (Fb 524), 20 g

ORANGE
- Coats Lyric 8/8 in Orange (Fb 537), 40 g
- Coats Lyric 8/8 in Hellgelb (Fb 506), 10 g
- Coats Lyric 8/8 in Gelb (Fb 524), 20 g

MASCHENPROBE
18 M und 20 R = 10 cm x 10 cm

ZEICHNUNG SEITE 32

Grundmuster

fM in Rd häkeln, dabei die Rd spiralförmig arbeiten. Ein farbiger Faden zwischen den M am Rd-Übergang erleichert das Zählen. Für die Zunahmen nach der Anleitung die M verdoppeln, d. h., in eine Einstichstelle 2 fM häkeln.

Anleitung

1.Rd: In Hellgelb in einen Fadenring 2 Lm und 7 fM häkeln = 8 M
2.Rd: 4x jede 2. M verdoppeln = 12 M
In Apfelgrün/Orange weiterarbeiten.
3.Rd: 6x jede 2. M verdoppeln = 18 M
4.Rd: 6x jede 3. M verdoppeln = 24 M
5.Rd: 6x jede 4. M verdoppeln = 30 M
6.Rd: 1x die 2. M und noch 5x jede 5. M verdoppeln = 36 M
7.Rd: 6x jede 6. M verdoppeln = 42 M
8.Rd: 1x die 3. M und noch 5x jede 7. M verdoppeln = 48 M
9.Rd: 6x jede 8. M verdoppeln = 54 M
10.Rd: 1x die 4. M und noch 5x jede 9. M verdoppeln = 60 M
11.Rd: 6x jede 10. M verdoppeln = 66 M
12.Rd: 1x die 5. M und noch 5x jede 11. M verdoppeln = 72 M
13.Rd: 6x jede 12. M verdoppeln = 78 M
14.Rd: 1x die 6. M und noch 5x jede 13. M verdoppeln = 84 M
15.Rd: 6x jede 14. M verdoppeln = 90 M
16.Rd: 1x die 7. M und noch 5x jede 15. M verdoppeln = 96 M
17.Rd: 6x jede 16. M verdoppeln = 102 M
In Hellgelb weiterarbeiten.
18.Rd: 1x die 8. M und noch 5x jede 17. M verdoppeln = 108 M
19.Rd: 6x jede 18. M verdoppeln = 114 M
In Gelb weiterarbeiten.
20.Rd: 1x die 9. M und noch 5x jede 19. M verdoppeln = 120 M

Über 40 M in R in Gelb weiterarbeiten. 10 R häkeln, dabei in jeder R beidseitig 2 M abnehmen.

Zum Schluss für den Aufhänger 12 Lm häkeln, mit 1 Km zum Ring schließen und mit ca. 15 fM umhäkeln. Noch 1 Rd Km um Topflappen und Aufhänger arbeiten.

Für die sechs Fruchtsegmente je 1 R Kettenstich in Hellgelb arbeiten. In die einzelnen Segmente teilweise kleine Kerne in Hellgelb im Plattstich, für die Fruchtfasern längere Plattstiche in Gelb aufsticken.

Hinweis: Die Farben für die Orange stehen hinter dem Schrägstrich. Ist nur eine Farbe angegeben, gilt diese für beide.

HASE

Seite 5

KATZE

Seite 5

LIMONE UND ORANGE

Seite 31

STICK-VORLAGEN

Bitte mit Kopiergerät
um 415 % vergrößern

IMPRESSUM

FOTOS: frechverlag GmbH, 70499 Stuttgart; Fotostudio Ullrich & Co., Renningen
DRUCK: frechdruck GmbH, 70499 Stuttgart

Auflage:	5.	4.	3.	2.	1.	
Jahr:	2008	2007	2006	2005	2004	[Letzte Zahlen maßgebend]

ISBN 3-7724-6603-6
Best.-Nr. 6603